6th June « D-Day » Hour by Hour

00 h 10   Lieutenant Poole is the first allied to soldier to set foot on the French soil.
00 h 20   Six gliders, under the orders of Major Howard, land in the vicinity of Pegasus Bridge.
01 h 11   News of the first American parachute landings reaches the headquarters of the 84th German Corps in Saint Lô.
01 h 30   The 101st Airborne Division is dropped behind Utah Beach.
01 h 50   Beginning of the main British parachute landings in the East of the Orne region.
02 h 30   Light bombers start to attack the coastal defense on the beaches.
02 h 45   The Omaha Beach assault forces are transferred onto their landing craft.
03 h 00   All warships take their assigned positions.
03 h 25   The General Staff of the German Kriegsmarine note the presence of ships off the coast.
03 h 50   English paratroopers take control of the village of Ranville.
04 h 30   The Star-Spangled Banner is hoisted on the flagpost in Sainte Mère Eglise. The Americans occupy the Saint Marcouf islets just off the Utah Beach coast.
04 h 45   Two miniature submarines surface in front of the beaches where the British troops prepare to land, and turn on their beacons to guide the landing barges. The Merville battery is captured.
05 h 30   Warships open fire on the coastal defense.
06 h 00   Dawn. Light bombers attack defense fortifications on Omaha and Utah Beach.
06 h 30   **H-Hour for Omaha Beach and Utah Beach.**
06 h 40   US Rangers land at the foot of La Pointe du Hoc.
06 h 52   The first information on the landings is received by Admiral Ramsay.
07 h 00   First German radio transmission of news of the landings.
07 h 25   H-Hour for Gold Beach and Sword Beach.
07 h 35   H-Hour for Juno Beach.
09 h 00   General Eisenhower authorises the press to transmit information on the landings.
09 h 13   General Bradley, worried at having to abandon Omaha, asks for reinforcements.
09 h 30   The casino building at Riva Bella is liberated by Free French commandos led by Commandant Kieffer. The first units reach the clifftops overlooking Omaha Beach. The village of Hermanville, behind Sword Beach, is liberated.
09 h 45   **Utah Beach is cleared of all enemy forces.**
12 h 00   Winston Churchill gives a speech at the House of Commons.
13 h 00   Troops from Utah Beach join forces with the paratroopers dropped inland.
13 h 30   Troops landed on Omaha beach move inland. Lord Lovat's commandos reach Pegasus Bridge which is under paratrooper control.
14 h 30   Ranville is liberated. The 21st Panzer Division launches a counter attack towards the coast.
15 h 00   The 12th SS Panzer Division takes position to the South of Caen.
16 h 00   The first English tanks arrive in Arromanches.
18 h 00   Saint Laurent, just above Omaha Beach, is liberated.
20 h 00   Six tanks from the 21st Panzer Division reach the coast at Luc sur Mer, between the bridgeheads of Sword and Juno Beach. The first allied patrols reach Bayeux.
21 h 00   Gliders transporting troops from the 6th Airborne Division land at the Orne bridgehead. The village of Vierville, an enemy strong point threatening operations on Omaha Beach, is liberated.
22 h 00   Rommel returns to his Headquarters after a few days rest in Germany. The British advance towards Caen is hindered at the Lebisey Forest.
22 h 07   Sunset.

Des cinq secteurs pour débarquer en Normandie, celui d'Utah occupe une place particulière dans le dispositif allié de l'opération Overlord. Si le débarquement venait à échouer sur les quatre autres, les chefs du haut commandement allié avaient en effet imaginé de reporter tous les efforts sur celui d'Utah, en y ramenant les troupes débarquées sur les plages du débarquement du Calvados.

Of the five landing sectors in Normandy, Utah Beach is of particular significance in the allied Operation Overlord plan of action. If, indeed, the landings were to fail on the four other sectors, the allied forces' high command had planned to concentrate its military efforts on Utah Beach, by assembling all of the troops landed on the other Calvados beaches.

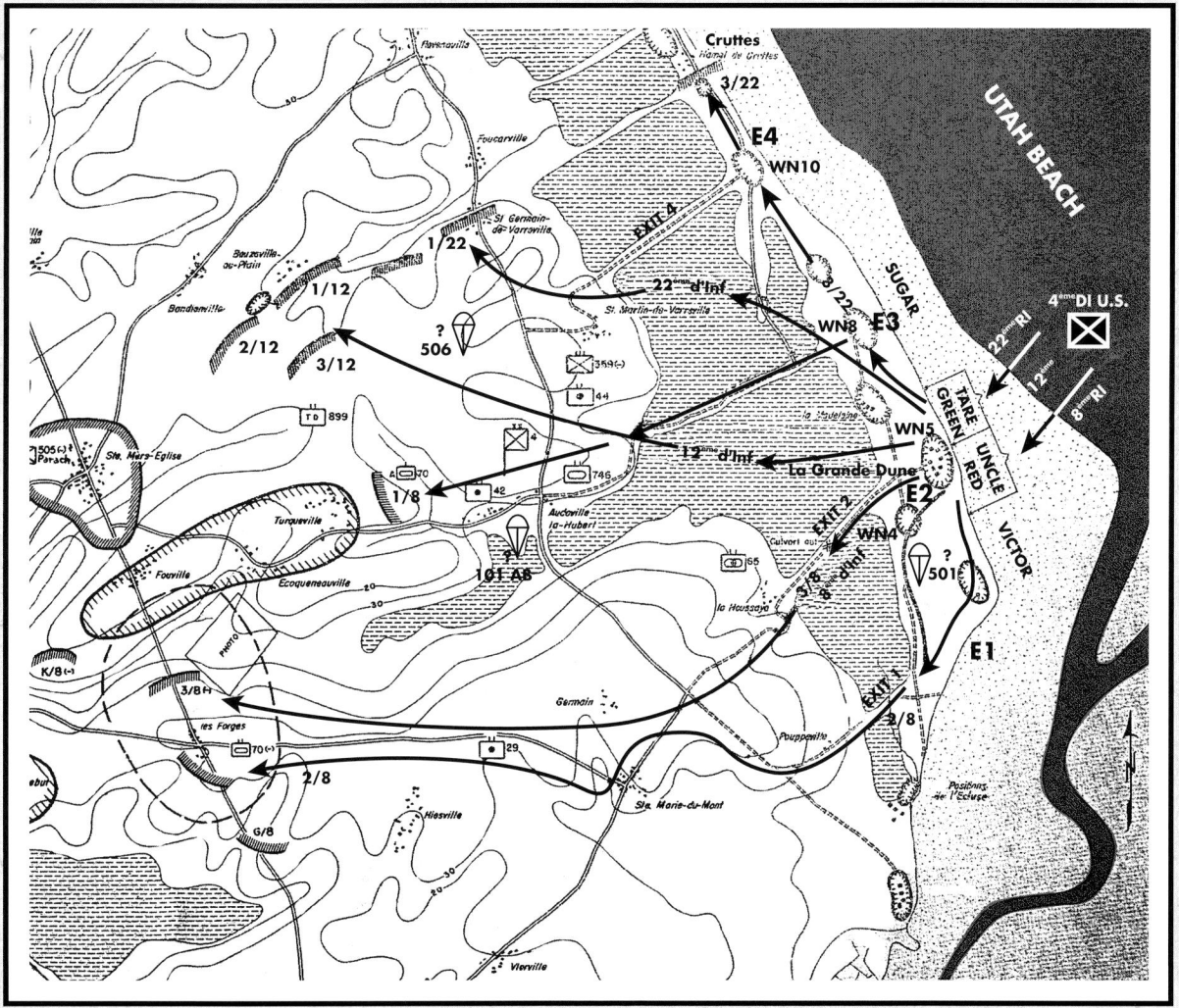

Jusqu'à la fin de l'année 1943, les stratèges militaires avaient prévu de débarquer sur 3 plages d'assaut. Le front s'avérant trop étroit, il devait être étendu jusqu'à l'embouchure de l'Orne avec Sword Beach. La nécessité d'un port en eaux profondes qui fut opérationnel dans les plus bref délais -Cherbourg-, imposa la création d'un secteur de débarquement sur les côtes de la Manche, ce serait **Utah Beach**, sur la plage de la Madeleine à Sainte Marie du Mont.

*Until the end of 1943, the military strategists had planned to land on 3 assault beaches. However, the front was too narrow, so the landings had to be extended as far as the mouth of the Orne River, at Sword Beach. The necessity for the rapidly operational deep water port of Cherbourg, required the extension as far as the Cotentin Peninsula in the Manche area; this landing zone was to be called **Utah Beach**, on the Madeleine shores at Sainte Marie du Mont.*

Le général Dwight D. Eisenhower (au centre), commandant suprême des forces expéditionnaires alliées entouré du général de division Lawton Collins (à sa droite), commandant du 7ème corps américain pour le secteur Utah Beach, et du général Omar Bradley (à sa gauche), commandant de la première armée US.

General Dwight D. Eisenhower (in the centre), supreme commander of the allied expeditionary forces, with General Lawton Collins (on his right), commander of the 7th American Army Corps on the Utah Beach sector, and General Omar Bradley (on his left), commander of the US First Army.

Destinés à soutenir l'effort offensif qu'allaient entreprendre les alliés, des centaines de milliers d'hommes, de l'équipement et du matériel étaient rassemblés en Angleterre dans l'attente du Jour J. Cette vue aérienne montre une immense chaîne de montage durant l'hiver 1943/1944.

To support the forthcoming allied offensive, hundreds of thousands of men as well as equipment and material were prepared and gathered together in England awaiting D-Day. This aerial view shows a huge chain of production during the winter of 1943/1944.

Le maréchal Rommel jugeait les défenses côtières trop souvent insuffisantes, contrairement à son supérieur hiérarchique, le Maréchal von Rundstedt. Ici quelques hommes de la Wehrmacht plantent une fameuse « asperge de Rommel » destinée à rendre ce champ impraticable.

Field Marshal Rommel often criticised the coastal defense as being insufficient, contrary to his superior officer, Field Marshal von Rundstedt. In this picture, we can see some men from the Wehrmacht, planting one of the famous « Rommel's asparagus » aimed at rendering fields offering potential landing strips impracticable.

Les Allemands n'imaginaient pas un seul instant que les alliés débarqueraient à marée basse, c'est pourquoi ils s'évertuaient à disposer sur les plages une très large gamme d'obstacles anti-débarquement en vue d'éventrer les péniches d'assaut. Ici Rommel en inspection au printemps 1944 sur une plage normande.

The Germans were far from imagining that the allies would land at low tide, and they did their utmost to place an impressive range of anti-landing devices aimed at disemboweling the landing barges. In this picture we can see Rommel on an inspection round of one of the Normandy beaches in the Spring of 1944.

L'armement de W5 était constitué d'un mélange hétéroclite prélevé dans les dépôts des armées vaincues en 1940. Parmi celui-ci, une des nombreuses armes secrètes de l'armée allemande : le goliath, un char miniature téléguidé pouvant contenir jusqu'à 90 kg d'explosifs. Le commandant du point d'appui Wn5 (A. JANKE) lance ses chars Goliath contre les blindés alliés. Mais la défaillance de leur dispositif de téléguidage le prive du résultat escompté ; un seul explose, victime d'une grenade américaine. Quelques jours après le débarquement, ces hommes de l'US Navy étudient le fonctionnement de cette arme redoutable sur la plage d'Utah Beach.

The strongpoint W5 was equipped with a heterogeneous collection of arms taken from the depots of the armies defeated in 1940. Among such arms was one of the many secret weapons of the German Army: the Goliath, a miniature remote controlled tank able to transport up to 90 kg of explosives. A. Janke, Commander of the Wn5, launched these Goliaths against allied tanks. However, a default in the remote control device prevented these mini-tanks from attaining the anticipated results. Only one of them actually exploded after having been hit by an American grenade. A few days after the landings, these men from the US Navy inspect the operating device of this formidable weapon on Utah Beach.

Le Cotentin et ses côtes avaient été rendus inaccessibles par les Allemands en laissant pénétrer la mer dans tous les champs les plus bas : les marais. Cette large zone inondée à l'arrière du point d'appui W5 constituait un obstacle important pour la progression des troupes débarquées depuis Utah Beach.

The Cotentin peninsula and its shores had been rendered impenetrable by the Germans, in particular by letting the sea reach the lowest levelled fields and marshlands. This large flooded zone behind the W5 strong point was to be a considerable hindrance to the advancement of the troops who had landed on Utah Beach.

Pour la première fois dans l'histoire militaire, les alliés lancèrent dans la nuit du 5 au 6 Juin, ensemble les 82ème et 101ème Divisions Aéroportées. 13 000 paras reçurent pour missions de prendre et de tenir les terres et les axes routiers permettant de traverser les zones inondées par l'armée allemande et de stopper toutes contre-attaques ennemies en direction de la plage d'Utah Beach.

On the night of the 5th to the 6th of June 1944, and for the first time in military history, the allies launched the 82nd and 101st Airborne Divisions together. The mission of some 13,000 paratroopers was to capture and secure territory and road networks, thus enabling the crossing of flooded zones and bringing to a halt any enemy counter-attacks towards Utah Beach.

Malgré des parachutages souvent effectués dans de mauvaises conditions, dispersant de nombreuses unités aéroportées dans les marais inondés où des centaines d'hommes périrent noyés, les parachutistes tinrent un rôle considérable quant à la réussite des opérations militaires dans le secteur d'Utah Beach.

Despite the often appalling conditions in which the paras landed, many units being scattered across the flooded marshland, where hundreds of men perished, the paratroopers played a substantial role in the success of the military operations in the Utah Beach sector.

A 6 heures du matin, les parachutistes américains contrôlaient la situation. Les terres surplombant la zone côtière inondée étaient sécurisées. Ils attendirent anxieux l'heure H sur Utah Beach. Les paras avaient levé le rideau mais l'essentiel des opérations allait naturellement se jouer sur la mer et sur la plage d'Utah Beach.

At 6 am, the American paratroopers had taken control of the situation. The territory overlooking the flooded coast had been secured. They anxiously awaited H-Hour on Utah Beach. The paras had prepared the terrain but the major military effort was still to be made from the sea and on the shores of Utah Beach.

A 2 heures, les premiers navires de la force U (U pour Utah), sous les ordres de l'Amiral Moon jetaient l'ancre au large à 20 kilomètres de la plage. Cette force était constituée de 865 bâtiments-navires de guerre, transport de troupes et autres cargos « Liberty Ships » chargés du ravitaillement.

At 2 am, the first warships of Task Force U (« U » for Utah), commanded by Admiral Moon, anchored 20 km off the coast. This task force comprised some 865 battleships, troop transport vessels and other cargoships known as « Liberty Ships » laden with supplies.

La force U faisait partie de la plus formidable armada que le monde n'avait jamais connu. 5 000 navires de toutes catégories, protégés par la flotte de guerre et une forêt de ballons anti-aériens, transportaient les troupes alliées pour l'attaque du Mur de l'Atlantique.

Task Force U was part of the mightiest armada the world has ever known. 5,000 ships of all categories, protected by the war fleet, transported allied troops towards the attack of the Atlantic Wall.

Dès 4 heures du matin, les premiers soldats embarquaient à bord des landing-craft. Les 20 péniches de la première vague d'assaut abaissèrent leurs rampes sur la plage à marée basse à 6 h 30. « **Jamais plus l'aube d'un jour ne verra tous ces navires au large de la Normandie** ».

*At 4 am, the first troops embarked on their landing-craft. The landing ramps of the 20 barges comprising the first wave of assault were lowered on the beach at low tide at 6.30 am. « **Never again will dawn see so many ships off the Norman shores** ».*

Dix minutes après l'heure H, 28 des 32 chars Sherman amphibies « Duplex Drive » du 70ème Bataillon de chars atteignaient la plage afin d'assurer le soutien d'artillerie nécessaire aux hommes de la première vague d'assaut. L'emploi inédit de ces chars fut l'une des grandes raisons du succès de l'assaut à Utah Beach.

Ten minutes after H-Hour, 28 of the 32 amphibian « Duplex Drive » Sherman tanks from the 70th Tank Battalion reached the shore and offered the necessary artillery support to the men who had formed the first assault wave. This use of such tanks, unobserved until then, was one of the main reasons for the success of the assault on Utah Beach.

La coque du Sherman amphibie était étanche, 2 hélices étaient reliées au moteur. Une armature métallique était soudée à ses flancs sur laquelle était fixée un matelas pneumatique gonflé d'air. En entrant dans l'eau, le conducteur actionnait un levier qui déployait le matelas comme des nageoires.

The amphibian Sherman tanks' outer shell was watertight and 2 propellors were connected to the motor. A metallic frame was fixed to its flanks to which a pneumatic tire was attached. As soon as the tank hit the water, the driver deployed the pneumatic system using a lever and the tire was filled with air, forming a finlike floater.

Les infirmiers américains soignèrent les blessés dès le début de l'assaut. Par la suite, des hôpitaux de campagne furent établis dans la région suivant l'avancée du front. Les nombreux blessés y étaient soignés et dès qu'ils pouvaient supporter le voyage vers les grands hôpitaux en Angleterre, ils étaient dirigés vers la plage pour l'embarquement.

American medics tended to the injured from the very beginning of the assault. Later, field hospitals were set up following the inland advancement. A great number of injured troops were treated there. As soon as they were well enough to travel, they were sent to the coast to embark for England where they were to be transferred to larger hospitals.

Les prisonniers allemands étaient regroupés sur la plage d'Utah Beach, attendant d'être embarqués vers les camps de prisonniers en Angleterre et en Amérique du Nord. Un gigantesque camp de transit de prisonniers fut bâti à Foucarville à 8 km de la plage dans cette perspective.

German prisoners were gathered together on Utah Beach, before being sent to POW camps in England and North America. Prisoners awaited embarkation in a huge transit camp set up at Foucarville, 8 km from the beach.

Au soir du 6 Juin, même si les objectifs initialement fixés aux 101ème Airborne et 4ème Division d'infanterie ne sont pas tous atteints, le débarquement sur le secteur d'Utah est sans conteste l'une des grandes réussites du Jour J. Les pertes humaines ont été étonnamment peu élevées : 197 morts et 60 disparus, la plupart noyés en mer, soit dix fois moins que les prévisions des chefs du Haut Commandement allié.

On the evening of June the 6th, even if the 101st Airborne Division and the 4th Infantry Division's initial target had not yet been reached, the landings on the Utah Beach sector were indubitably one of D-Day's great success stories. Human losses were astonishingly low: 197 killed and 60 soldiers missing, most of them drowned in the sea. These figures are six times inferior to the allied high command's estimations.

Conférence dans la grande dune d'Utah Beach entre le Général de Brigade Théodore Roosevelt (à gauche) et le Général Barton (au centre). Le Général Roosevelt (57 ans), débarqué avec la première vague d'assaut, participait alors à sa 4ème opération de débarquement. Ayant rapidement constaté que l'assaut n'avait pas eu lieu sur le secteur initialement prévu, il avait fait prévenir ses supérieurs pour que les pilotes des barges suivantes dévient leur cap. Il trouva la mort le 12 Juillet 1944 à Méautis d'un arrêt cardiaque à l'issue d'une lutte âpre face à des éléments Waffen SS.

Conference between Brigadier General Theodore Roosevelt (on the left) and General Barton (in the centre) on the dune at Utah Beach. This was the fourth landing operation for General Roosevelt (aged 57) who had landed with the first assault wave. Having rapidly observed that the assault was not in the initially assigned sector, he immediately informed his superiors so that the following barge pilots change their course. He died from a heart attack on the 12th of July 1944 in Méautis, following a bitter clash with elements from the Waffen SS.

Ce jour du débarquement à Utah Beach fut un succès total autant du point de vue militaire que technique, durant lequel plus de 20 000 GI's, 1 720 véhicules et 1 695 tonnes d'approvisionnement arrivèrent sur le sol français. La journée la plus longue s'achevait et l'armée américaine avait établi une solide tête de pont à partir de la plage.

D-Day on Utah Beach was a total success as much from a military as from a techncial point of view. Over 20,000 GI's, 1,720 vehicles and 1,695 tons of supplies reached the French soil. The longest day finally came to an end and the American army had established a solid bridgehead from the beach.

Devant l'incertitude des alliés à prendre rapidement Cherbourg en temps, des ports artificiels furent installés sur les plages. A Utah ce port a pour nom de code « **Gooseberry** ». C'est une ligne de neuf navires, portés à douze après la tempête du 19 Juin 1944, volontairement coulée en guise de brise-lames.

*Unsure of a rapid capture of Cherbourg, the allies set up artificial harbours on the beaches. On Utah Beach, the harbour was known as « **Gooseberry** », and comprised a line of 9 ships, increased to 12 after the storm on the 19th of June 1944, and voluntarily sunk to form a breakwater.*

Le brise-lames permit à la Première Brigade Spéciale du Génie d'installer trois jetées métalliques flottantes favorisant le déchargement des « **Liberty Ships** ». Cette installation, moins élaborée que les « **Mulberry** », mais somme toute très efficace, assura aux Américains le débarquement de 8 000 tonnes de ravitaillement par jour sur Utah.

*The breakwater enabled the First Special Engineer Brigade to set up three floating metal piers facilitating the unloading of cargo transported by the « **Liberty Ships** ». Although this installation was not as elaborate as the « **Mulberry Harbours** », it was just as efficient and ensured the unloading of some 8,000 tons of American supplies per day on Utah Beach.*

A l'issue de cette journée historique la maison au toit rouge, seul repère d'Utah Beach - Sainte Marie du Mont, subsistait. Les hommes et le matériel affluaient dans un rythme permanent.

At the end of this historic day, the red-roofed house was the only building left to mark the spot of Utah Beach, at Sainte Marie du Mont. Men and material flooded in at a permanent and incessant pace.

Sous la protection des ballons anti-aériens longtemps après le Jour J, les plages servaient de plate-forme de débarquement pour les alliés. Le port artificiel d'Utah Beach assura l'approvisionnement du front bien après la libération de Paris.

Protected by the air-defense barrage balloons long after D-Day, the beaches were a landing platform for allied troops. The artificial harbour on Utah Beach ensured the unloading of frontline provisions well after the liberation of Paris.

La navette des DUKW, camions amphibies, garantissait aussi l'acheminement du matériel et des vivres. Ces « canards » motorisés assurèrent une grande part du succès de l'approvisionnement du front qui s'étirait toujours plus loin des plages normandes.

The DUKW 6x6 amphibian landing craft, guaranteed the transport of equipment and food supplies. These motorised « ducks » were a fundamental part of the success of supply procurement, while the frontline stretched further and further away from the Normandy coast.

Le succès des armées et la vie des combattants dépendaient largement du fonctionnement correct du ravitaillement et de ses moyens mécaniques. Au fil des semaines les champs, et prairies alentours furent rapidement transformés en dépôts. L'armée américaine employait de temps à autre des prisonniers allemands triés sur le volet.

Military success and the guarantee of troop sustenance were largely dependent on the efficiency of the supply chain and of its mechanical resources. Over the weeks following the landings, fields and meadows were rapidly transformed into depots. From time to time the American army employed carefully selected German prisoners.

Dès le 7 Juin, de façon à réduire le temps d'intervention des escadrilles de chasseurs bombardiers P47 Thunderbolt, 2 terrains d'aviation furent construits. Une piste, longue de 1 800 mètres, fut installée à quelques kilomètres d'Utah. Elle entra en service le 12 Juin et fut utilisée jusqu'à la fin Juillet 1944.

As early as the 7th of June, 2 airstrips were built in order to allow speedier intervention of the P47 Thunderbolt fighter bombers. A 1,800 m landing strip was built a few kilometres from Utah Beach. It was operational from the 12th of June to the end of July 1944.

Des dizaines de milliers de GI furent blessés dans cette lutte pour la liberté. Les blessés furent dirigés vers des centres de secours avant que les plus atteints ne soient évacués vers l'Angleterre.

Tens of thousands of GI's were injured in this fight for freedom. They were transported to aid stations before the most seriously injured could be evacuated to England.

Quotidiennement telle une marée incessante, les hommes débarquaient sur la plage. Le Gooseberry d'Utah Beach fut utilisé jusqu'au 1er Novembre 1944. Pendant ces 5 mois, 836 000 hommes, 220 000 véhicules et 725 000 tonnes de matériel et de vivres furent débarqués.

Every day, an incessant wave of men landed on the beaches. Utah's Gooseberry was used up to the 1st of November 1944. During these 5 months, some 836,000 men, 220,000 vehicles and 725,000 tons of equipment and food supplies were unloaded.

Avec des installations simples et grâce à l'action dynamique de la 1ère Brigade Spéciale du Génie, commandée par le Colonel Eugène M. Caffey, 40 % des effectifs américains furent débarqués sur Utah.

Thanks to the simple installations and to the dynamism of the First Special Engineer Brigade, commanded by Colonel Eugene M. Caffey, 40 % of American troops landed on Utah Beach.

Les opérations à Utah Beach ne se terminèrent ni avec le Jour J, ni même avec la prise de Cherbourg. Pendant plusieurs mois, les navires de transports américains jetèrent l'ancre face à la plage et le va-et-vient innombrable de barges amena à terre les troupes de renfort, les munitions et le matériel indispensable à des opérations toujours plus vastes. D'Utah Beach à Berlin, 687 miles et onze mois d'une lutte acharnée pour la liberté retrouvée.

Operations on Utah Beach did not come to an end on D-Day, nor did they finish after the capture of Cherbourg. Over several months, American transport ships anchored in front of the beach and an incessant ebb and flow brought countless reinforcement troops, ammunition and equipment essential for the success of the ever-increasing military operations. From Utah Beach to Berlin, 687 miles and eleven months of relentless combat for a newfound freedom.

1956

Le Cimetière Américain de Colleville sur Mer est situé au sommet de la falaise dominant la plage d'Omaha. Nul n'y entre par hasard, il faut en faire la démarche volontaire. Le visiteur se prépare pour aborder attentif et recueilli un morceau des Etats Unis en France.

The American Cemetary at Colleville sur Mer is situated on the clifftop overlooking Omaha Beach. No one enters here by chance, the gesture must be voluntary. Vistors prepare themselves to visit and to meditate a small part of American territory nestled on the French coast.

Dans le secteur américain, après les combats meurtriers, des unités spécialisées furent chargées de rassembler les corps et de les enterrer dans des cimetières provisoires. Une croix de planche ou un simple piquet avec le nom et la date de la mort, parfois accompagné d'un casque, marquaient la tombe du soldat.

In the American sector, after mortal combat, special units were responsible for gathering together the bodies of the fallen soldiers and for burying them in temporary graves. A wooden cross or a simple peg with the soldier's name and the date of his death, sometimes together with his helmet, marked his grave.

Juin 1944

Sainte Marie du Mont se souvient

Sainte Marie du Mont remembers

6 juin 1946

Le site de Sainte Marie du Mont / Utah Beach se souvient et rend hommage aux hommes débarqués en Juin 1944. Le musée demeure un témoin fort des événements qui se sont déroulés en ces lieux.
« Nous sommes heureux si le modeste accueil d'un village normand reste, pour ceux débarqués à Utah Beach en 1944, le témoignage du plus cordial souvenir des Français ».

Michel de Vallavieille, Maire de Sainte Marie du Mont de 1949 à 1991.
Créateur du Musée d'Utah Beach en 1962.

Sainte Marie du Mont and Utah Beach remember and pay homage to the soldiers who landed here in 1944. The Museum remains a compelling witness of these events.
« We are delighted if the modest welcome of a Norman village remains, for the veterans who landed on Utah Beach, the testimony and cordial tribute of the French people ».

Michel de Vallavieille, Mayor of Sainte Marie du Mont from 1949 to 1991.
Founder of the Utah Beach Museum in 1962.